BEI GRIN MACHT SICH IHR WISSEN BEZAHLT

- Wir veröffentlichen Ihre Hausarbeit, Bachelor- und Masterarbeit

- Ihr eigenes eBook und Buch - weltweit in allen wichtigen Shops

- Verdienen Sie an jedem Verkauf

Jetzt bei www.GRIN.com hochladen und kostenlos publizieren

Bibliografische Information der Deutschen Nationalbibliothek:

Die Deutsche Bibliothek verzeichnet diese Publikation in der Deutschen National-
bibliografie; detaillierte bibliografische Daten sind im Internet über http://dnb.d-
nb.de/ abrufbar.

Impressum:

Copyright © 2016 GRIN Verlag, Open Publishing GmbH
Druck und Bindung: Books on Demand GmbH, Norderstedt Germany
ISBN: 9783668354845

Dieses Buch bei GRIN:

http://www.grin.com/de/e-book/345280/verkaufsmanagement-die-13-stufen-des-
verkaufs

Manuela Gabriel

Verkaufsmanagement. Die 13 Stufen des Verkaufs

Deutsche Hochschule für

Prävention und Gesundheitsmanagement

Hermann Neuberger Sportschule 3

66123 Saarbrücken

Einsendeaufgabe

Fachmodul:	Verkaufsmanagement
Studiengang:	BFÖ
Datum Präsenzphase:	16.08.16 -18.08.16
Name, Vorname:	Gabriel, Manuela
Studienort:	**Zürich**
Semester:	**WS15**

Inhaltsverzeichnis

1 Verkaufsmanagement

Tab. 1: Klassifizierung des Ausbildungsbetriebs (eigene Darstellung)

Name und Standort	Anlagestruktur	Grösse	Preisstruktur	Kernleistung
ONE Training Center, 6370 Stans	Gemischtes Studio	1.500 bis 2.499 qm	≥ 90,00 €	Verkauf von Mitgliedschaften

1.1 Vergleich der betrieblichen Verkaufsorganisation mit den 13 Verkaufsstufen und Optimierungsmöglichkeiten

Folgende Tabelle orientiert sich an den 13 Stufen des Verkaufs nach Schlaffke & Plünnecke (2015, S.15)

Tab. 2: Gegenüberstellung: Betrieblicher Verkaufsprozess vs. die 13 Stufen des Verkaufs (eigene Darstellung)

	Wichtige Inhalte	Ablauf im betrachteten Betrieb	Begründung für Abweichungen	Optimierungsmöglichkeiten
Stufe 1: **Vorbereitung**	Organisatorisch: Unterlagen und Materialien liegen bereit. Mental: Positiv einstellen auf die Rolle des Verkäufers, sowie gedankliche Auseinandersetzung mit verschiedenen Kundentypen.	Die nötigen Unterlagen werden am Vortag bereitgelegt, sämtliches Material liegt griffbereit neben den Beratungsstationen. Die interne Organisation räumt jedem Trainer genügend Vorbereitungszeit zwischen den Terminen ein.	Theoretisch keine Abweichungen, jedoch gelingt den Trainern in der Praxis die Einhaltung des Zeitmanagements nicht immer. Die mentale Vorbereitung kommt so zu kurz und kann den Verkauf negativ beeinflussen.	Das Einhalten der Zeiten sowie die mentale Vorbereitung sollen vermehrt vom Bereichsleiter überwacht und kontrolliert werden.

	Wichtige Inhalte	Ablauf im betrachteten Betrieb	Begründung für Abweichungen	Optimierungsmöglichkeiten
Stufe 2: Kontaktaufnahme	Professioneller, sympathischer Ersteindruck durch entsprechende Mimik, Gestik und Sprache; Vorstellung mit Name und Funktion; Handschlag; organisierter interner Ablauf vom Erstkontakt bis Beratungsbeginn.	Der Ablauf ist identisch.	Keine Abweichungen.	Die Kontaktaufnahme mit unsicheren Mitarbeitenden üben und Videoanalysen machen. Gegenseitig hospitieren und Feedbacks geben.
Stufe 3: Aufbau einer persönlichen Beziehung	Informationsbeschaffung; allgemeine und spezielle Interessen des Kunden erfragen; richtiger Einsatz von verbaler und nonverbaler Kommunikation; Gemeinsamkeiten finden; Harmonie und Wohlfühlen; Tabuthemen meiden; Notizen machen.	Liste mit vorgegebenen Standardfragen steht zur Verfügung. Es wird von den Mitarbeitern erwartet, diese auswendig zu wissen und auf natürliche Weise in das Gespräch zu integrieren. Es werden in dieser Phase keine Notizen gemacht.	Die Informationen sollen erst im Rahmen der Bedarfsanalyse werden, damit das schriftliche Notieren nicht die Natürlichkeit des Gesprächs (der Blick geht immer wieder zum Blatt etc.) beeinflusst. Es gibt interne Kommunikationsschulungen um diese Phase zu optimieren.	Notizen könnten schon vorher gemacht werden um Doppelfragen zu vermeiden und mehr Sicherheit im Gespräch zu erlangen.
Stufe 4: Bedarfsanalyse	Bewusstmachung; Finden von Lösungen für Probleme; Wünsche, Ziele, bewusste und unbewusste Bedürfnisse sowie Bedarf definieren; SPIN-Konzept; offene Fragen; aktives Zuhören; wenig reden. Emotionen und Motivation wecken; Bedarfsanalyse ausfüllen; Einwandvorbehandlung.	Einleitung der Stufe mittels Fragenbogen. Ermitteln der wichtigsten Informationen und Ergänzung mit den Informationen aus der Stufe 3. Risiko- und Gesundheitsfragen dominieren, verhältnismässig weniger Fragen zu Zielen und nur oberflächliche zu den Bedürfnissen. Einwandvorbehandlung wird an dieser Stelle per Checkliste durchgeführt.	Der Fragebogen ist dient hauptsächlich der Risikoabsicherung und als Informationsquelle bei Notfällen. Mitarbeitende werden auf die Wichtigkeit der Motivfindung hingewiesen, durch das Abarbeiten des Formulars wird dies jedoch nicht immer gemacht, da Standardziele angekreuzt werden können.	Die Gewichtung sollte vermehrt auf das Finden von kaufentscheidrelevanten Motiven gelegt werden. Eine Überarbeitung oder Erweiterung des Fragebogens ist empfehlenswert. Des Weiteren sind auch für diese Phase Rollenspiele und Videoanalysen eine Möglichkeit der Sensibilisierung.
Stufe 5: Die Durchführung einer Angebotspräsentation	Merkmale beschreiben; Vorteile aufzeigen; Nutzen liefern. Knappe und verständliche Präsentation; den Kunden miteinbeziehen; Emotionen wecken und Sinne aktivieren.	Wird auf der Trainingsfläche durchgeführt. Mit maximal drei relevanten Übungen werden Nutzen, Vorteile und Merkmale aufgezeigt. Durch bildhafte Sprache sollen beim Kunden Emotionen geweckt werden.	Keine Abweichungen.	Keine Notwendigkeit.

	Wichtige Inhalte	Ablauf im betrachteten Betrieb	Begründung für Abweichungen	Optimierungsmöglichkeiten
Stufe 6: **Angebots- und Bestäti- gungs-phase**	Vorteile klarmachen; Bestätigung des Kunden für die Wichtigkeit und den Nutzen einer Mitgliedschaft abholen.	Checkliste mit „Ja-Fragen" und Anfertigung einer Zeichnung, die intern „Rezept" genannt wird. Diese zeigt die Vorteile einer Mitgliedschaft in Verbindung mit dem Betreuungssystem auf.	Der Betrieb sieht seine Stärken im Betreuungssystem, welches auf dem „Rezept" für den Kunden aufgezeigt wird und ein längerfristiges Denken fördern soll (mindestens eine Jahresmitgliedschaft).	Keine Notwendigkeit.
Stufe 7: **Entschluss für Fitness- und Gesund- heitsangebo- te**	Identifikation mit dem Angebot; Erkennen der Lösungsmöglichkeiten; bei Zögern sofort nachfragen. Kein Fortsetzen der Verkaufspräsentation ohne Zustimmung des Interessenten.	Übergang zur Preispräsentation mittels Suggestivfragen. Preispräsentation wird auf jeden Fall weitergeführt.	Es wird dieser Stufe keine Wichtigkeit gegeben.	Die Preispräsentation erst nach Zustimmung des Interessenten beginnen.
Stufe 8: **Preispräsen- tation Mit- gliedschaft**	Nennung des Preises und Preisverhandlungen.	Die Preise und Laufzeiten der Mitgliedschaften werden von Hand aufgeschrieben und inklusive des Startpakets präsentiert. Relevanteste Mitgliedschaft wird speziell markiert und begründet. Es sind keine Preisverhandlungen erlaubt, einzige Ausnahme: Der jährlich zu bezahlende Beitrag kann in Ausnahmefällen auf 2 bis 3 Raten aufgeteilt werden, es entsteht dabei ein Ratenzuschlag.	Alle sollen fairerweise den selben Preis erhalten.	Die Möglichkeit, den Beitrag monatlich per Dauerauftrag bezahlen zu können einführen.
Stufe 9: **Das „Ja" zur Mitglied- schaft**	Akzeptanz des Preises für die Mitgliedschaft.	Nachfragen, zu welcher Mitgliedschaft eine Tendenz besteht.	Keine Abweichungen.	Keine Notwendigkeit.

	Wichtige Inhalte	Ablauf im betrachteten Betrieb	Begründung für Abweichungen	Optimierungsmöglichkeiten
Stufe 10: **Preispräsentation Starpaket**	Inhalte des Startpakets erläutern und argumentieren, dass es für den Start benötigt wird.	Bei der Zeichnung des „Rezepts" wird das Startpaket bereits hinzugerechnet. Ebenfalls wird dem Kunden auf diese Weise aufgezeigt, dass der Preis für die Verlängerung der Mitgliedschaft ohne das Startpaket und mit dem zusätzlichen Treuerabatt tiefer ausfallen wird. Bestehende Mitglieder bezahlen stets den günstigsten Beitrag.	Die Erfahrung hat gezeigt, dass Kunden das Startpaket eher akzeptieren, wenn es bereits bei der Preispräsentation integriert wird und nicht im Nachhinein separat dazugerechnet wird.	Da das Startpaket lediglich einen kleinen administrativen Aufwand und die Mitgliederkarte beinhaltet, könnte dieser Betrag reduziert und der Treuerabatt dafür erhöht werden. Ein so entstandener, grösserer Preisunterschied zwischen Neumitgliedschaft und Verlängerung kann die Kundenbindung positiv beeinflussen.
Stufe 11: **Vorabschluss**	Keine direkte Nachfrage, ob die Mitgliedschaft nun gewünscht wird; beobachten und erkennen von Abschlusssignalen; dem Interessenten das Gefühl vermitteln, bereits Mitglied zu sein; Übereinstimmungen aufzählen; Fragen klären; Vereinbarungen treffen.	Es gibt keinen Abschluss über die Vorabschlusstechnik.	Fliessender Übergang zur nächsten Stufe, keine klare Begründung fehlendes Bewusstsein.	Das Personal sollte im Beobachten und Erkennen von Abschlusssignalen geschult werden.
Stufe 12: **Abschluss** **einer Mit** **gliedschaft**	Wesentliche Punkte zusammenfassen; keine unvorsichtigen Bemerkungen; trotz Freude professionell bleiben; Vertrag wird durch den Berater ausgefüllt; dem Kunden Zeit geben um alles durchzulesen.	Zusammenfassung der wesentlichen Punkte und direkte Frage, ob der Vertrag nun ausgefüllt werden kann; Kunde füllt den Vertrag selbst aus; wenn der Kunde „nein" sagt, oder einen Vorwand ausspricht, wird nach Unklarheiten oder Unsicherheiten gefragt.	Keine klare Begründung, fehlendes Bewusstsein.	Unklarheiten und Unsicherheiten im Vorfeld bemerken und behandeln; Schulungen und Videoanalysen durchführen; das Ausfüllen des Vertrags soll vom Betreuer erledigt werden (Dienstleistung).
Stufe 13: **After-Sales-** **Phase**	Dissonanzen auffangen; positive Entscheidungsbestätigung; Gratulation zur Mitgliedschaft; Überreichen der Unterlagen; Gutscheine für Freunde (Weiterempfehlung).	Bis auf die Gutscheinabgabe zur Weiterempfehlung wird dies so gemacht.	Das Betreuungssystem sieht drei Termine für Neukunden vor, die Gutscheine zur Weiterempfehlung werden erst am Zweiten oder Dritten weitergegeben.	Die Praxis hat gezeigt, dass Weiterempfehlungsanfragen besser wirken, wenn sie nicht direkt nach dem Abschluss gemacht werden (Kunde als reiner Geldbringer).

2 Kundenorientierung

2.1 Transformation der Modi

Drei Strategien zur Unterstützung beim Übergang in den nächsten Modus der Selbstkonkordanz, nach Göhner & Fuchs (2007, S.11).

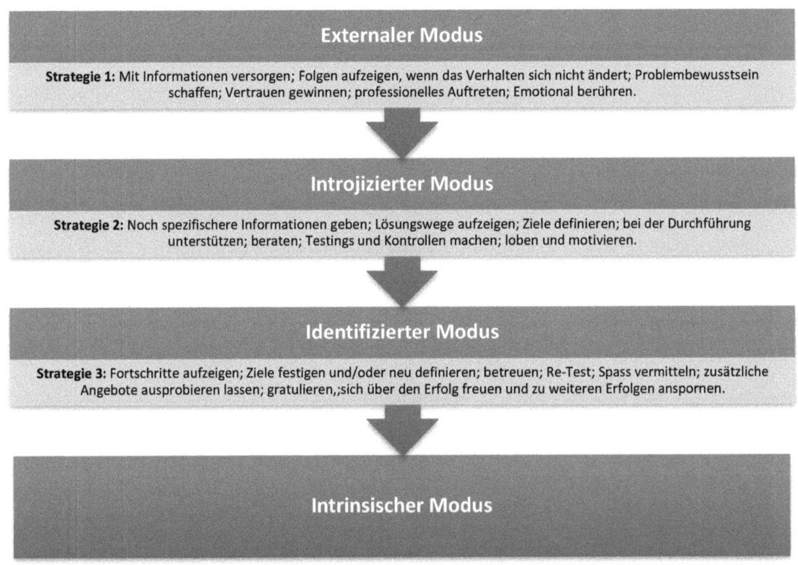

Abb. 1: Modi der Selbstkonkordanz und Strategien zum Übergang (eigene Darstellung)

2.2 Massnahmen zur Kundenbindung

Massnahme 1: In zeitlich sinnvollen Abständen Umfragen zu Zufriedenheit, Wünschen, Erwartungen und Bedürfnissen der Mitglieder durchführen.

Begründung: Unzufriedenheit, Wünsche oder Erwartungen der Mitglieder müssen bekannt sein, um entsprechend reagieren zu können. Sich verändernde Bedürfnisse können bei einer Wiederholung der Umfrage entdeckt werden.

Massnahme 2: Kundenevents (speziell für Neumitglieder oder auch andere Zielgruppen) organisieren, mit der Möglichkeit Freunde kostenlos mitzubringen, auch ohne direkten Bezug zum Fitnesstraining wie z. B. Disco-Abende nach Centerschluss oder Single-Nights etc.

Begründung: Der soziale Aspekt spielt eine grosse Rolle bei der Kundenbindung. Gemeinsam trainieren macht mehr Spass und erhöht die Motivation. Eine Kündigung bedeutet so immer auch das Verlassen von sozialen Kontakten. Je gefestigter diese sind, desto höher liegt die Kündigungsschwelle.

Massnahmen 3: Aktive Anrufe während der kritischen Phase einplanen, um Fortschritte abfragen oder in einem neuen Beratungstermin aufzeigen zu können; neue Übungen ausprobieren lassen; zu noch unbekannten Angeboten animieren (z.B. Gruppenfitness oder Zirkeltraining).

Begründung: Die Beziehungsebene zum Berater wird gestärkt, der Kunde erkennt, dass an ihn gedacht wird und generiert neue Motivation durch einen neuen Trainingsplan oder erweiterte Zusatzangebote.

Massnahme 4: Für den Check-in eine Meldung programmieren, welche es für Mitarbeitende sichtbar macht, welche Kunden auf Grund der kritischen Phase auf der Fläche spezifisch angesprochen und betreut werden sollen; einige neue oder alternative Übungen zeigen, Fortschritte abfragen und einen neuen Termin vereinbaren.

Begründung: Der Kunde fühlt sich professionell betreut, beachtet und persönlich angesprochen. Er bekommt neue Motivation durch neue oder erweiterte Übungen und das Aufzeigen der Fortschritte.

Massnahme 5: Gutschein per Briefpost versenden, oder persönlich übergeben. Der Kunde kann z.B. zwischen einer gratis Fettmessung, einer 10er-Karte Eiweiss-Shakes, einer Solarium-Karte etc. auswählen.

Der Inhalt muss attraktiv genug sein um auch Mitglieder zu reanimieren, welche sich bereits in, oder kurz vor einem Motivationsloch befinden.

Begründung: Das Einlösen des Gutscheins setzt einen Centerbesuch und persönlichen Kontakt zum Personal voraus. Im Betrieb sind sämtliche Thekenmitarbeiter auch ausgebildete Trainer und können entsprechend auf das Mitglied in der kritischen Phase reagieren (neuen Beratungstermin vereinbaren, Fortschritte nachfragen etc.).

2.3 Zusatzverkäufe

2.3.1 Aktuelle Situation im betrachteten Betrieb

Tab. 3: Beispiele aktueller Zusatzverkäufe im Betrieb (eigene Darstellung)

Produkt	Zugbänder	Eiweiss-Shakes	Getränkebidons
Bereich	Fitness (Gerätepark)	Bar/Bistro	Rezeption

2.3.2 Neue Möglichkeiten für den betrachteten Betrieb

Tab. 4: Möglichkeiten für weitere Einnahmen durch Zusatzverkäufe

Produkt/ Dienstleistung	Black Rolls	Funktionales Gruppentraining	Sandwiches und/oder Salate
Bereich	Gruppenfitness	Fitness (Gerätepark)	Bar/Bistro
Zielegruppe	Teilnehmer von Kursen, welche das Hilfsmittel bereits kennengelernt haben und zu Hause anwenden möchten.	Mitglieder aus dem Gruppenfitnessbereich; Mitglieder, die bereits gemeinsam trainieren; Senioren-Gruppen etc. Grundsätzlich für alle geeignet.	Mitglieder, die während ihrer Arbeitspausen kommen.
Begründung	Die Benützung der Black Roll ist gegenwärtig im Trend und im Betrieb in verschiedenen Bereichen integriert. Dieses Hilfsmittel eignet sich für den täglichen Heimgebrauch, was für	Die meisten Center der Kette des Betriebst wurden bei Umbauarbeiten mit zahlreichem Equipment für funktionale Trainings ausgestattet. Gruppentrainings sind hier besonders geeignet, da ein Trainer sich an einer solchen	Die Auswahl an Essbarem beschränkt sich momentan auf Fitnessriegel und Äpfel. Viele Mitglieder aus umliegenden Betrieben trainieren über den Mittag oder direkt nach der Arbeit. Auf Vorbestellung oder auch spontan

	interessierte Kunden einen Vorteil bringt.	Station um mehrere Mitglieder gleichzeitig kümmern kann; Motivation durch Gruppenbildung; Sicherheit durch Betreuung.	könnten diese auch noch ein leichtes und gesundes Mittag-, bzw. Abendessen im Betrieb einnehmen.

3 Teams, Motivation und Führung

3.1 Teamentwicklung

Die folgenden Phasen beziehen sich auf das Teambildungsmodell von Tuckman (1965).

1. **Forming:**

- **Massnahme 1:** Die Struktur und den Nutzen der Zusammenarbeit klar kommunizieren sowie sämtliche Ziele nach SMART formulieren und aufzeigen.

- **Massnahme 2:** In einer Gesprächsrunde, bei der jeder seine Meinung sagen und seinen Platz finden kann; wird das Kennenlernen bezüglich Einstellung und Arbeitsstil ermöglicht. Die Teamleitung hat hier grosse Vorbildfunktion.

2. **Storming:**

- **Massnahme 1:** Klärende Gespräche bei Konflikten zwischen einzelnen oder mehreren Mitarbeitern durchführen, dabei Hilfestellung bei der Konfliktbearbeitung leisten, zur offenen Aussprache ermutigen und wenn nötig schlichten.

- **Massnahme 2:** Die Gemeinsamkeiten des Teams aufzeigen, um Gespräche, Diskussionen und auch die Zusammenarbeit von einer gemeinsamen Basis aus starten zu können.

- **Besondere Forderungen der Teamleitung in dieser Phase:** Die konfliktgeladene Phase des „Storming" hat grosse Wichtigkeit für die Teambildung. Konflikte müssen offen besprochen und angeleitet bearbeitet werden. Positionskämpfe, individuelle Meinungen und Ansichten dürfen nicht in ausweglosen

Diskussionen enden. Sie müssen von der Teamleitung durch Geduld, Erfahrung und klaren Zielvorgaben in konstruktive Bahnen gelenkt werden. Durch das Aufzeigen von Gemeinsamkeiten, wird eine gemeinsame Basis geschaffen. Werden Konflikte nicht oder nur ungenügend gelöst, kann sich das Team nicht weiterentwickeln und verweilt auf unproduktive Art zwischen den Phasen des „Storming" und des „Norming", wo es schlimmstenfalls zerfällt.

3. **Norming:**

- **Massnahme 1:** Gemeinsam werden die Spielregeln der Zusammenarbeit vereinbart. Die Teamleitung steht unterstützend zur Seite und kotrolliert und sichert deren Umsetzung.

- **Massnahme 2:** Die Konsolidierung des Teams ermöglicht es, das Team spezifische Entscheidungen selbstständig erarbeiten zu lassen und als Teamleitung nur bei Bedarf beratend zur Seite stehen.

4. **Performing:**

- **Massnahme 1:** Regelmässige Gespräche und Besprechungen zur Standortbestimmung und Zielverfolgung ansetzen.

- **Massnahme 2:** Die Entwicklung der einzelnen Teammitglieder fördern und das Team nach aussen hin vertreten.

3.2 Motivation

Die Gruppenprovision hat im Vergleich zur Einzelprovision den Vorteil, dass das Team besser zum Nutzen des Unternehmens zusammenarbeitet. Aus der gegenseitigen Unterstützung und der Erwartung, dass jeder sein Bestes gibt, kann eine sehr produktive Gruppendynamik entstehen. Der einzelne Mitarbeiter ist beflissen, den Leistungsabstand zu seinen Kollegen gering zu halten, um nicht das ganze Team negativ zu beeinflussen.

Es entstehen keine Konkurrenzkämpfe oder Einzelkämpfer-Mentalitäten. Für den Einzelnen besteht weniger Druck, wenn seine Umsätze einmal ausfallen.

Zu den Nachteilen gehört, dass Mitarbeiter eine geringere Eigenverantwortung entwickeln. Wenn die Leistungsunterschiede von einzelnen oder Gruppierungen innerhalb des Teams zu gross werden, kann es zu Spannungen kommen. Die erfolgreichen „Star-Verkäufer" wollen ihren Erfolg nicht teilen, die Leistungsschwächeren fühlen sich nicht wertgeschätzt. Dies kann einen Motivationsverlust der Top-Verkäufer zur Folge haben oder die Gefahr bergen, dass einzelne aus Mangel an Eigenverantwortung die besseren Leistungen der Kollegen ausnützten.

Um diesen Nachteilen vorzubeugen, empfiehlt sich eine Mischung aus Gruppen- und Einzelprovision einzuführen, damit das Team als Ganzes, sowie auch jeder Einzelne für seine Leistungen belohnt wird.

Fazit: Die Gruppenprovision ist nicht die beste Möglichkeit, sondern eine mit Vor- und Nachteilen.

3.3 Führung

3.3.1   Beispiel Nr. 1: Direktiver Stil

Merkmale dieses Stils (Schlaffke & Plünnecke, 2015, S.112-113):

- Unmittelbarer Gehorsam
- Klare Anweisungen
- Strenge Überwachung

Begründung: Dieser autoritäre Vorgesetzte sieht in seinen Mitarbeitenden unmündige Menschen und reine Leistungsbringer, die zu gehorchen haben. In seiner mechanischen Auffassung wird kommandiert und kontrolliert. Das Feedback als Führungsinstrument scheint nicht angewandt zu werden. Vielmehr drohen Sanktionen. Rückmeldungen beziehen sich auf die Person an sich und nicht nur auf deren Verhalten. In Krisensituationen oder bei grossem Risiko für Probleme bei Zielabweichungen kann dieser Führungsstil für alle Beteiligten mehr Sicherheit und eine grössere Chance auf Erfolg bringen

Risiken: Bei permanenter Anwendung ist die Wirkung eingeschränkt: Die Mitarbeiter bekommen keinerlei Entwicklungschancen. Es werden weder persönliche Lernprozesse noch eine gute Selbsteinschätzung oder die Motivation gefördert.

Es gibt weder Vertrauen noch Respekt zwischen Mitarbeitern und Vorgesetztem. Die Mitarbeiter werden frustriert, demotiviert und im schlimmsten Falle sogar missgünstig zurückgelassen.

Empfehlung: Wie die Praxis zeigt und auch Hübner (2009, S. 103) festgehalten hat, können nur glückliche Mitarbeiter auch Kunden glücklich machen. Somit hat dieser Führungsstil als situationsunangepasstes Instrument indirekt negative Folgen auf den Geschäftserfolg und sollte unbedingt mit anderen Führungsstilen ergänzt werden.

3.3.2 Beispiel Nr. 2: Affiliativer Stil

Merkmalen dieses Stils (Schlaffke & Plünnecke, 2015, S.114-115):

- Harmonie und Konsens zwischen den Mitarbeitern und dem Vorgesetzt
- Viel persönliche Wertschätzung
- Vertrauensvolle Zusammenarbeit
- Erfolg ist von der Zustimmung jedes einzelnen abhängig

Begründung: Sämtliche Merkmale des affiliativen Stils tauchen im Fallbeispiel auf. Zwischen den Mitarbeitern und dem Vorgesetzten herrschen Harmonie und Konsens und vieles, wie z B. Ziele, Optimierungsmöglichkeiten, Massnahmen etc. wird gemeinsam besprochen. Die Beziehung zueinander ist sehr freundschaftlich und vertrauensvoll und wird auch auf privater Eben gepflegt. Jeder einzelne darf seinen Teil zum geschäftlichen Erfolg auf seine Weise beisteuern und an der gemeinsamen Vision teilhaben. Die freie Entfaltung und die Selbstverwirklichung eines jeden Mitarbeitenden sowie das gegenseitige Vertrauen und die grosse entgegengebrachte Wertschätzung sind dem Vorgesetzten wichtig, weil er darin auch den geschäftlichen Erfolg gesichert sieht.

Risiken: Die Verantwortung, das Unternehmen direkt zu beeinflussen, bedarf gewisser Erfahrung im Beruf sowie im Geschäftsalltag. In einem solchen Unternehmen könnte es schwierig sein, unerfahrene Mitarbeiter erfolgreich miteinzubeziehen.

In Krisensituationen muss schnell und kompetenten reagiert werden können. Es braucht Anweisungen und Kontrolle. Bei so viel Freundschaftlichkeit könnte die Ranghöhe des Vorgesetzten von den Mitarbeitenden missachtet und Anweisungen lediglich als Empfehlung angesehen werden.

Empfehlung: Über detaillierte, operative Aufgaben sollte die Geschäftsführung selber entscheiden. Die bereits sehr zeitaufwändigen Gespräche ziehen sich ansonsten noch mehr in die Länge und bringen dadurch kaum mehr Erfolg.

4 Controlling: Kennzahlen im Vertrieb

4.1 Telefonquote, Termineinhaltungsquote und Abschlussquote

Tab. 5: Telefonquote Mai-Juli 2016 des betrachteten Betriebs

(Anz. der vereinbarten Beratungstermine/Anz. Interessentenanrufe) x 100			
Mai	Juni	Juli	Durchschnitt
(19/24) x 100 = **79.2%**	(28/30) x 100 = **93.3%**	(25/28) x 100 = **89.3%**	**87.3%**

Tab. 6: Termineinhaltungsquote Mai-Juli 2016 des betrachteten Betriebs

(Anz. der erschienenen Beratungstermine/Anz. der vereinbarten Beratungstermine) x 100			
Mai	Juni	Juli	Durchschnitt
(12/19) x 100 = **63.2%**	(24/28) x 100 = **85.7%**	(18/25) x 100 = **72%**	**73.6%**

Tab. 7: Abschlussquote Mai-Juli 2016 des betrachteten Betriebs

(Anz. der abgeschlossenen Mitgliedschaften/Anz. der durchgeführten Beratungen) x 100			
Mai	Juni	Juli	Durchschnitt
(8/12) x 100 = **66.7%**	(15/24) x 100 = **62.5%**	(10/18) x 100 = **55.6%**	**61.6%**

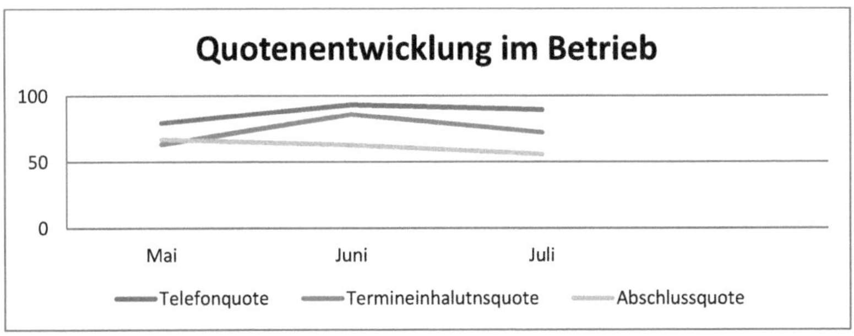

Abb. 2: Quotengrafik 2015 (eigene Darstellung)

Beurteilung: Die Telefonquote und die Termineinhaltungsquote liegen im Vergleich zum restlichen Geschäftsjahr überdurchschnittlich hoch. Die Abschlussquote fällt dennoch eher tief aus, da zu dieser Zeit eine jährlich wiederkehrende Kampagne stattfindet, welche mit einem Lockangebot den Zulauf und die Mitgliederzahl erhöhen soll.

Potentiellen Interessenten wird über Inserate und Gutscheine ein kostenloser Testmonat angepriesen. Dieses Vorgehen erschwert den Direktabschluss, denn trotz der Möglichkeit, den Testmonat mit einer vergünstigten Mitgliedschaft zu verbinden, erscheinen die Interessenten mit der Vorstellung, das Angebot vorerst lediglich einen Monat zu testen. Den Interessenten trotzdem direkt von einer Jahresmitgliedschaft zu überzeugen erfordert deshalb hohe Professionalität im Verkauf.

Das Team besteht zu mehr als der Hälfte aus neuen Mitarbeitern, welche kaum Erfahrung im Verkauf haben, das betriebsinterne Verkaufssystem nicht sicher durchführen sowie den speziellen Anforderungen während dieser Kampagne noch nicht gewachsen sind. Die Ferienabwesenheit eines der Top-Verkäufer hat sich ebenfalls bemerkbar gemacht, genau wie die nicht optimale Arbeitsplaneinteilung. So war nicht zuverlässig sichergestellt, dass sich während der Kampagne lediglich erfahrene Mitarbeiter im Verkauf befinden. Zukünftig sollten Ferien während dieser Kampagne nicht mehr genehmigt und der Arbeitsplan mit dem Fokus auf den Verkauf erstellt werden.

Da die Kampagne jährlich mehr als die Hälfte aller Mitglieder generiert, ist eine Optimierung dieser Punkte für den Geschäftserfolg von bedeutender Wichtigkeit.

4.2 Fluktuationsquote

Berechnung für 2015 im betrachteten Betrieb:
(Anzahl der Abgänge/Durchschnittlicher Mitgliederbestand) x 100
 (624/2520) x 100 = **24.8**

Berechnung der Auswirkung einer Senkung von 5 Prozentpunkte der Fluktuationsquote auf 19.8:
(Fluktuationsquote x Durchschnittlicher Mitgliederbestand) /100 = Zahl der Abgänge
(19.8 x 2520) /100 = **499**

Mehrumsatz Jahresmitgliedschaften auf Grund geringerer Abgänge:
Mitgliedschaftsbeiträge (ohne Beachtung der Gewichtung) in Fr. abzüglich Mehrwertsteuer:

- 24 Monate Basic: 2080 - 8% =   **1913.60**
- 12 Monate Basic: 1190 - 8% =   **1094.80**
- 12 Monate Special: 1090 - 8% = **1002.80**
- 12 Monate Student: 990 - 8% =   **910.80**
- 12 Monate Young:840 – 8% =   **772.80**

        Durchschnitt in Fr.:   945.30

Im betrachteten Betrieb generieren sich durchschnittlich 95% der Einnahmen über Mitgliedschaftsverkäufe und 5% über Zusatzangebote und-produkte. Somit ergibt sich folgende Berechnung:

$\varnothing$ Jahresmitgliedschaft + 5% = $\varnothing$ Pro-Kopf-Einnahme in Fr.
945.30 + 47.30 = **992.60**

Berechnung Mehrumsatz:
(Anzahl der momentanen Abgänge – Anzahl Abgänge bei Senkung der Fluktuationsquote um 5%) x $\varnothing$ Pro-Kopf-Einnahme in Fr. = Mehrumsatz in Fr.
(624 – 499) x 992.60 = **124075.00**

Tab. 8: Ermittlung der durchschnittlichen Mitgliederzahl 2015 (eigene Darstellung)

Monat	1	2	3	4	5	6	7	8	9	10	11	12	Total
Neuab-schlüsse	115	96	80	43	53	48	85	130	175	100	73	50	1048
Kündi-gungen	60	70	55	30	43	28	22	35	61	89	90	41	624
Differenz	55	26	25	13	10	20	63	95	114	11	-17	9	424
Mitglie-derbe-stand	2337	2363	2388	2401	2411	2431	2494	2589	2703	2714	2697	2706	Ø 2520

5   Literaturverzeichnis

Göhner, W., & Fuchs, R. (2007). *Änderung des Gesundheitsverhaltens. MoVo Gruppenprogramme für körperliche Aktivität und gesunde Ernährung.* Göttingen: Hogrefe.

Hübner, S. (2009). *Service macht den Unterschied.* München: Redline.

Schlaffke, W., & Plünnecke, A. (2015). *Verkaufsmanagement.* Saarbrücken: Deutsche Hochschule für Prävention und Gesundheitsmanagement.

Tuckman, B. (1965). Developmental sequences in small groups. *Psychological Bulletin, 63*(6), S. 348-399.

6   Abbildungs- und Tabellenverzeichnis

6.1   Abbildungsverzeichnis

6.2   Tabellenverzeichnis